# クスリ絵

## 心と体の不調を治す
## 神聖幾何学とカタカムナ

見て、触れるだけで不調をケアしながら、人生そのものに輝きを添えてくれます。その驚くべき力は、まさに未来の医療に通じる可能性を秘めていると言えるでしょう。

### 丸山修寛 著

ビオ・マガジン

# クスリ絵って、
# な〜に？

数学や物理学、神聖幾何学、古代文字（カタカムナ）などの概念を取り入れて医師であるわたしが開発・作成したものです。そのどれもが、生命エネルギーの調整や、人間本来のもつ自然治癒力、潜在能力などを引き出し、向上させるうえで最適な形や色で構成されています。本書では、治療でも活用しているクスリ絵のなかより、実際に多くの人々を癒し、問題解決へと導いたものを不調別に厳選していますが、各症状にだけ対応するものではありません。そのパワーは、まさに無限大。五感を研ぎ澄ませながら見て、触れて、頭ではなく直感的に心地いいと感じたものが、あなたの可能性を引き出す"クスリ"となることでしょう。

## 潜在意識に働きかけ不調をケア

潜在意識には、あらゆる経験、感情が記憶されていますが、そのうち負の記憶が不調を引き起こす原因のひとつ。潜在意識は呼吸や消化吸収、心臓の拍動など生命を維持するための神経システムも司っています。負の記憶はこの機能にダメージを与え、消耗させるマイナスのエネルギーなのです。クスリ絵は、潜在意識に生命エネルギーを補い、負の記憶を一掃する働きがある、というのが私の見立てです。

わたし、顕在意識です

ぼく、潜在意識くん

自覚できる情報や知識、また思い出せる過去の記憶を総称して顕在意識と言います。いわゆる認識できる心の領域のこと

顕在意識には昇らない、あらゆる感情、体験を記憶。クスリ絵は、このうち不調の原因になる負の記憶を浄化する作用があると考えられます

# CONTENTS

クスリ絵ってな〜に？ ………… 002

PART 1 = 頭部・目の不調 ………… 006

PART 2 = 耳・鼻・喉の不調 ………… 028

PART 3 = 胸部・肺の不調 ………… 046

PART 4 = 胃腸・膵臓の不調 ………… 058

PART 5 = 腎臓・肝臓の不調 ………… 094

PART 6 = 子宮・卵巣の不調 ………… 112

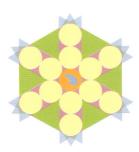

PART **7** = 首・肩・腰・足の不調 ….. 124

PART **8** = 心の不調 …………………… 162

SPECIAL = 塗り絵で遊ぼう！………… 188

索　　引 = クスリ絵の作用 …………… 204

### HOW TO USE

眺める、あるいは触れるだけで、クスリ絵のエネルギーはしっかり感受されています。さらに、不調を抱える部位に"絵柄"を上にして置く。または貼ることで効果を得やすくなる場合もあります。併せて下記の3つのポイントにも注目して、ご活用ください。

#### 1 直感を働かせてチョイス

症状別に選んでもいいですが、見ているだけで幸せを感じたり、心が元気になったり。あるいは、気持ちが落ち着く、美しいと感じるものが、いまのあなたにもっともフィットするクスリ絵です。

#### 2 心地いいと感じる方法で

パラパラとページをめくって、心地いいと感じたものを眺めるだけでも構いません。基本の活用術を記載していますが、それを守る必要はありません。大切なのは、感覚的に活用して日々の生活に取り入れること。

#### 3 効果にとらわれないで

不調別に展開していますが、クスリ絵のもつ効能は限定されるものではありません。頭痛のカテゴリーに入っているものでも、人によっては子宮のトラブル改善に役立つケースもあるのです。

PART

# 1

# 頭部・目の不調

もっとも酷使する
部位だからこそ
毎日きちんとケア

( kusurie-episode 01 )

東洋医学や西洋医学などを用いるだけの治療法では治らない症状や不調があります。しかし、クスリ絵を治療に活用するようになってからは8割以上の患者さんが、その場で症状が軽減するか、数時間後に症状が消えるということが起こるようになりました。このように一気に改善されなくても、触れると体がポカポカしてくる、見ているだけで気持ちが前向きになる…など、何らかの体や心の反応を感じる方が多いようです。

―― 頭

## テマリ　カタカムナ ver.

### 覚醒のエネルギー

● 脳の働きが向上
● 集中力が高まる
● 直感が優れる

脳全体を活性化し、たくさんのインスピレーションをもたらすデザインになっています。仕事で煮詰まったとき、あるいは大事なプレゼンやテスト前に活用するのもおすすめです。眺めるだけでもいいですが、絵柄を外側に向けて、頭上に置くと、さらにそのパワーを感じられるでしょう。敏感な方なら、天からエネルギーが注がれているのがわかるかもしれません。

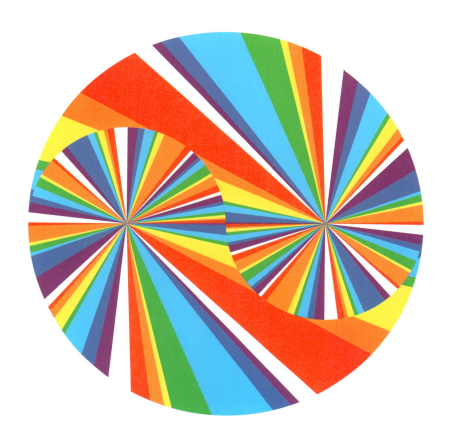

——— 頭

## グレートエンジェル

### ストレスへの抵抗力をアップ

◉ネガティブな思考を浄化
◉不安・恐怖・怒りを取り除く
◉愛でないものを跳ね除ける

両手にハートをそっと抱いている天使のデザイン。やさ
しく大きな愛であなたを守ってくれるでしょう。絵柄を
外側に向けて額に当てると天使からの大いなる愛のエネ
ルギーがすばやくあなたの内側を満たし、思考から不
安・恐怖・怒りを取り除いてくれます。ハートの形だけ
で構成されたデザインは、愛ではないものを跳ね除ける
パワーをもっているのです。

―――― 頭

## マジックマスター

### 集中力と粘り強さをもたらす

- ◉脳を活性化
- ◉潜在能力を発揮
- ◉仕事の効率向上

第三の目（眉間）を活性化させる力を秘めたデザイン。
いざというときに、この力を借りると、新たな能力を発
揮しやすくなります。たとえば試験や面接、難しい仕事
に直面したとき…など、いつも以上に自分自身の力を発
揮したいシーンで心強いサポートを得られるでしょう。
その際、絵柄を外側に向けて眉間に当てると効果を実感
しやすくなります。

―――― 頭

## ブッダ

### お釈迦さまのやさしさでリラックス

● 精神を安定させる
● 視野が広がる
● 慈愛の心が生まれる

精神不安による頭部の緊張緩和に役立ちます。絵柄を外側に向けて後頭部に当てると視野が拡大し、次第に心も安らかになるでしょう。完成後、縁に現れたお釈迦様を彷彿とさせる寺院は、見るものの脳を緩め、リラックスした状態へと導く働きをより高めてくれます。心に落ち着きを取り戻すことができれば、目の前の状況にも適応しやすくなるでしょう。

——— 頭

# 六十四卦

## インスピレーションを獲得

- ●夢でメッセージを受け取る
- ●予知能力が開発
- ●不眠、神経症、首コリの緩和

脳が刺激され、直感に恵まれやすくなります。また、夢をとおして様々なメッセージを受け取ったり、予知能力を引き出す可能性も秘めたパワフルなクスリ絵です。額に当てる、あるいは枕の下に置いて眠ると効果を実感しやすいでしょう。不眠や神経症の緩和もサポートしてくれます。さらに、長時間のパソコンやスマホ操作による肩、首のコリ改善にもおすすめです。

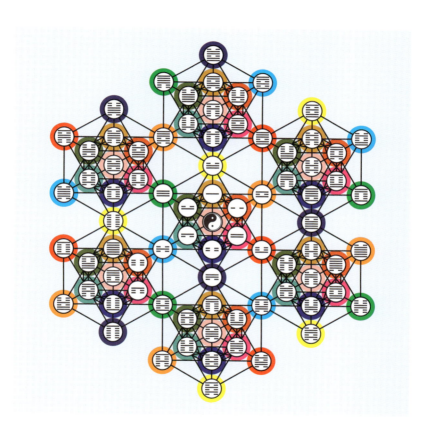

—— 頭

## ライトフープ

魂の成長もサポート

●思考の休息に
●自分の本質と繋がる
●日常をスムーズに

思考ばかり働かせていると、より本質的な自分ともいえる"魂の声"を無視しがちに…。そんな抑圧された自己＝魂を一時的に、光の国へと帰還させ、スピリットワールドとの結びつきを強化するデザインです。絵柄を上に向けて、頭上に置いて活用すると、魂との繋がりが深まり、天からのサポートを受けやすくなります。結果、困難の少ない日々を歩めるようになるでしょう。

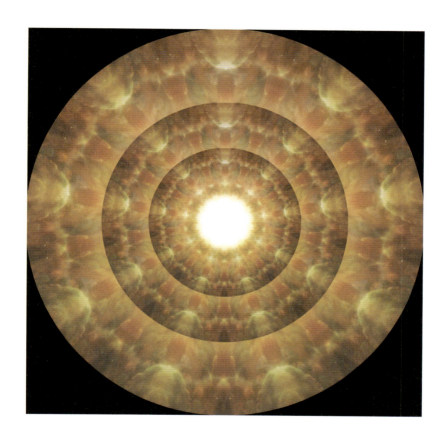

―――― 頭

## 銀河トンネル

### 新しい世界への架け橋

◉勇気をもたらす
◉希望が見えてくる
◉夢の実現を後押し

脳を活性化しながら勇気を与えてくれます。未知なる分
野に挑戦しようとするとき、力になってくれるでしょう。
効果的な使いかたは、数分見つめた後、この絵のなかに
身を置いているようなイメージをすること。絵柄から、放
たれる力強いエネルギーを感じられるはず。このパワー
こそ、夢の実現を後押しする源です。しっかり受け取る
ことで、何事にも前向きに取り組めるようになります。

—— 頭

## コスミックスノー

### 純度の高いひらめきに恵まれる

◉頭スッキリ
◉直感が増幅
◉生命力が輝く

インスピレーションを得たいときに役立つ一枚。眺めて
いるだけで頭のなかがどんどんクリアになり、純度の高
いひらめきや直感に恵まれやすくなります。頭が混乱す
るほど慌ただしい日々が続いている人こそ、活用してほ
しいデザインです。また、この絵柄を見ながら自分の髪
の毛を優しく撫でると、なめらかな生命エネルギーが全
身に流れていくのを感じられるでしょう。

—— 頭

# 立体マンダラ

## 頭痛・頭重感がスッキリ

- 無病息災
- 頭痛を解消
- 鼻づまりも改善

黄金色を背景に、不動明王と10柱の仏たちがマンダラの
中心でパワーを放出しているさまを表しています。右手
を、この絵柄の上に置き、左手を額に添えると第三の目
（眉間）から、ぐんぐん仏の力が吸収されていきます。す
ると、次第に頭痛や鼻づまりなどの症状が緩和してくる
のを感じられるでしょう。突然の災難や病から守ってく
れるパワーも秘められています。

—— 目

## サード・アイ

### 眉間に当てれば、視界がクリアに

●目の休息に
●集中力アップ
●右脳の開発に

勉強や仕事の合間に、眉間のあたりに絵柄を当ててみて
ください。たったそれだけで、酷使している目の休息に
なり、かつ、その後の集中力まで高めてくれるでしょう。
継続的に活用すれば、直感やひらめきを司る右脳の開発
にも役立ちます。さらに、この絵柄を外側に向けて眉間
に当てれば、視野が拡大。かつ、視力回復にも、とても
有効です。

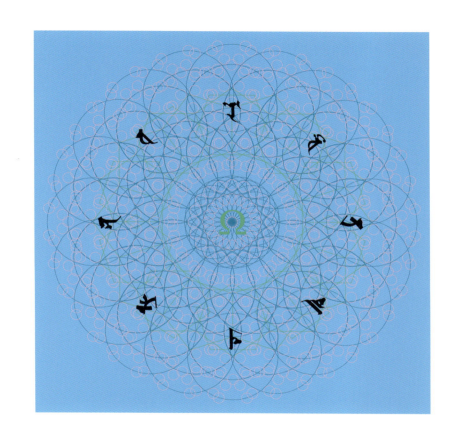

PART

# 2

# 耳・鼻・喉の不調

kusurie-episode 02

私たちの体の主、それが潜在意識です。潜在意識は"生命力"を支えるために一生懸命に働いています。心臓が動いたり、呼吸をしたり、食べ物を消化吸収したり…。この生命維持に関わる活動を意識せずにできるのは、潜在意識のおかげなのです。それなのに多くの人は、感謝もせずに過ごしています。クスリ絵は、そんな健気な存在がとても喜ぶエネルギー。見たり触れたりするほど、潜在意識はそのエネルギーを自らの糧にし、輝き出すのです。

こんなに簡単に、不調が治るなんて超びっくり！

—— 耳

# ブルーズ

## 耳の閉塞感を改善

◉耳の不調を癒す
◉めまいを改善
◉深い眠りに誘う

深淵なる音の世界を表現した絵柄です。外側のブルーは
大天使ミカエル、中心に広がるグリーンには大天使ラ
ファエルの力が内包されています。絵柄を外側にして耳
に数分当てると、二人の天使から放たれるヒーリングエ
ネルギーが聴力回復、さらにめまいや耳鳴りの緩和もサ
ポートします。枕の下に置き、目をつむってこの絵をイ
メージすると、眠りにつきやすくなる働きも。

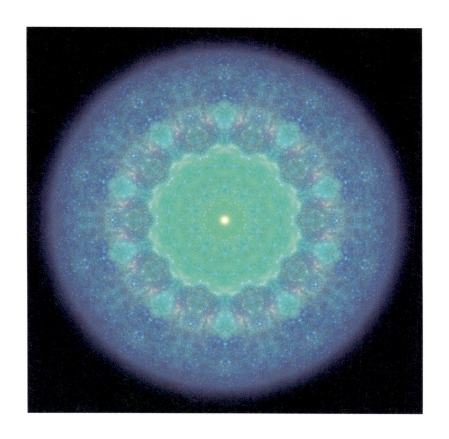

—— 耳

## スペースサーガ

### 音の聞こえをクリアに

◉周囲の音が鮮明に
◉音感も向上
◉やさしさを引き寄せる

まるで美の宮殿！ ため息がこぼれてしまうほど、繊細で
美しいクスリ絵です。見ているだけで周囲の音が鮮明に
なる力を秘めています。また、自分にピッタリの音楽、
あるいは音楽仲間に出会いたいときにも力になってくれ
るでしょう。さらに、寂しいとき、悲しいとき、やさし
く接してくれる人を引き寄せるパワーも。まさに魔法の
ようなカードなのです。

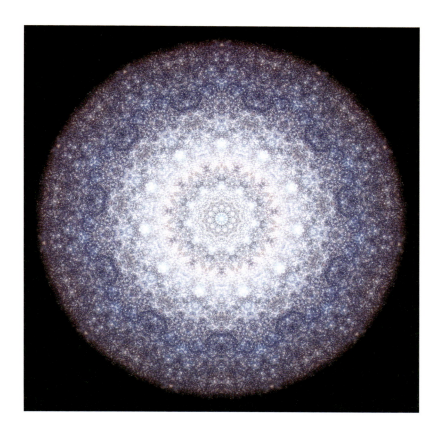

―――― 鼻

# グレートセブンゼファー

## アレルギー性鼻炎もケア

- ◉ダストの浄化に
- ◉鼻がスッキリ
- ◉呼吸が楽になる

すべてをやさしく包み込む"母なる創造性"の光を放つシンボル。このエネルギーのなかに、あなたのスピリットをいざない、心のストレスと同時に体内に蓄積されたダストを浄化するパワーを秘めています。左手を鼻に置き、右手で絵柄に触れると、鼻のとおりがよくなり呼吸が楽になるのを感じられるでしょう。とくに、アレルギーなどによる鼻炎で悩んでいる人におすすめです。

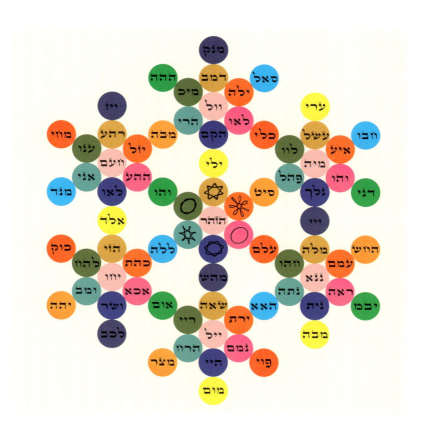

—— 鼻

# ゴッドレター

## 花粉症のつらい症状を和らげる

◉鼻のとおりがスムーズに
◉能力を異次元レベルに向上
◉天からの援助も受けられる

絵柄を鼻で吸い込むようなイメージで、クスリ絵を眺め
ながら呼吸をしてみてください。あるいは、絵柄を鼻に
当てて鼻呼吸を繰り返すと鼻のとおりがラクになるのを
感じられるでしょう。花粉症や鼻炎などによる不快な症
状緩和に役立ちます。結果、脳の働きが高まり、能力の
飛躍的な向上も期待できるので、短期的に集中力や記憶
力を高めたいときにも、おすすめです。

―――― 喉

## オレンジムンク

### 喉のチャクラにも作用

●声を出しやすくする
●喉の不調を緩和
●コミュニケーション能力向上

迷路のような独特のデザインと、暖色を主とした明るい
配色は見るものの心を自然と軽くしてくれます。同時
に、コミュニケーションを司る喉のチャクラも活性化。
声が出にくい人や、人と話しをしていると咳が出やすい
人に最適です。その他にも、心身に重さや痛みを感じる
際に、この絵を症状のある部位に当ててみると、不調が
す〜っと和らぐのを感じられるでしょう。

―――― 甲状腺

# 曼陀羅ボルテックス

## 邪気から守り、体を活性化

- 甲状腺を活性化
- 喉の不調を緩和
- 代謝ホルモンのバランスを調整

絵柄の中心から、不動明王や大天使ミカエルのエネルギーを放出。周囲の図形や文字が、この力を増幅し、かつ邪気からあなたを守ってくれます。とくに、代謝と関連するホルモン分泌を司る甲状腺に不調が生じやすい人にとって、心強い味方になってくれるはず。この絵に触れれば触れるほど、甲状腺ホルモンが活性化され、体中が整っていくのを感じられるでしょう。

―――― 気管支

## セブンス〜強さ〜

### "呼吸楽"が"生き楽"に

◉気管の働きが高まる
◉息切れ改善
◉呼吸が深く、楽に

とくに息切れしやすい、あるいは呼吸が浅くなりがちな
人におすすめ。胸の前に絵柄を外側にして置くだけで、
気管の働きが高まり呼吸が楽になります。心や体の弱さ
を強さへと変換するシンボルでもあるので、この絵に触
れたり、見たりするほど、どんどん打たれ強くなるで
しょう。気管や喉のトラブルを改善しながら、人生をよ
り楽しい方向へと導いてくれるのです。

—— 気管支

## スーパーあんど

### クスリ絵でウイルス退治

◉風邪対策に
◉頭痛も緩和
◉腰痛もケア

抗ウイルス作用を期待できるデザイン。風邪の初期に用いると重症化しにくく、回復もスムーズに。実際にこれまで数千もの人が、この効果を実感しています。風邪っぽいなと感じた際には、首の後ろや胸の前（気管）に絵柄を外側に向けて貼るか置いてください。風邪を引きやすいという人は、日頃からこの絵に触れるといいでしょう。頭痛や腰痛のケアにも役立ちます。

PART

# 3

# 胸部・肺の不調

( kusurie-episode 03 )

通院して治療を受けたり、服薬しているにも関わらず完治できず不快な症状に苦しまれている方を、これまで多く診てきました。そうした人を救いたいという一心で、薬に頼らず、かつお金もかからない治療法を模索し続け、たどり着いたのが色や形のもつ力。この研究に、20年以上もの歳月を捧げました。そして、どうにか治療に活かせないものかと試行錯誤を重ねた末に、ようやく開発されたのがクスリ絵なのです。

—— 胸

## バースシンボルツリー

### 心臓を守り、ネガティブさを払拭

- ●動悸・息切れの改善
- ●呼吸筋を強化
- ●気管の不調も緩和

動悸・息切れがある、また気管が弱い人は絵柄を外側に
向けて胸の前に置くか貼ると、症状が次第に和らいでい
きます。この絵柄は、あらゆる生命誕生のエネルギーを
集約したシンボル。それだけ、パワフルな力を秘めてい
るので、日頃から眺めたり、触れたりするだけでも、数々
のネガティブなできごとから、あなたを守ってくれるこ
とでしょう。

―― 肺

## ハイパーあんど

### 穢（けが）れを一掃！ カビ取り名人

◉カビによる諸症状を解消
◉肺の問題を改善
◉かゆみ、痛みの緩和

カビは神を穢したとき生まれるもの。その穢れを浄化する不動明王や大天使ミカエルのエネルギー受信機として機能するシンボル。自分の内側に、あるいは周囲に再び神の清らかな力を招きたいときに、活用してみてください。そうして穢れ（カビ）を取り除くことで、肺の機能が向上。また、かゆいところや痛みのある箇所に貼ると、これらの症状も緩和してくれるでしょう。

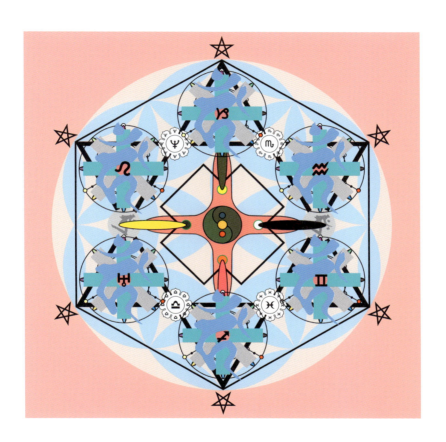

# ―― 肺

## スペーススノー

### 肺にこもった熱をとる

●肺の機能を高める
●呼吸が楽になる
●人間関係を円滑に

無数の星が集まって、光を放っているかのような繊細な
デザイン。これは肺のより深い部分に滞留している負の
エネルギーを取る目的で作りました。胸のあたりに貼っ
たり置いたりすると、呼吸がとても楽になります。また、
他者との関係性を円滑にする働きも。これから仲良くな
りたい、と感じている相手にもこの絵を渡すと、よりよ
い関係を築けるでしょう。

——— 肺

## カタカムナ第五首マンダラ

### 風邪予防のシンボル

- ◉肺のダメージを回復
- ◉呼吸が楽になる
- ◉生命力を高める

右手で絵柄に触れるだけで、自分の周囲に生命力を高める高次元空間（ミスマルノタマ）を拡大し出現させます。このエネルギーは、風邪の諸症状を緩和しながら、風邪による肺のダメージ修復をサポート。人によっては、呼吸がしやすくなり体が楽になると感じることもあります。古代文字"カタカムナ"に秘められた神気を体感できるパワフルなクスリ絵です。

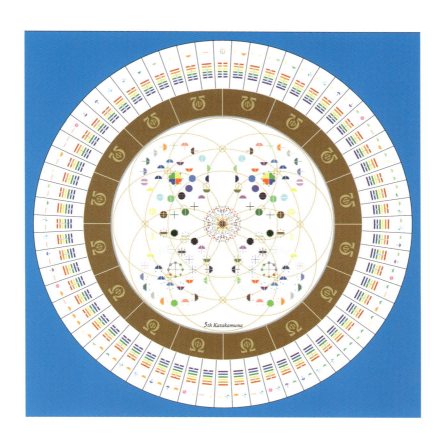

―――― 肺

# インドラ

## 邪気から守り、病気を予防

◉肺の浄化
◉病気から体を守る
◉不幸を焼き払う

私たちは気づかぬうちに邪気（カビや埃、細菌やウイル
スなど）を吸い込み肺にダメージを与えています。そん
な負担から肺を守るために役立つクスリ絵です。この絵
柄を見つめながら、勢いよく息を吐き出すと肺に溜まっ
た邪気をパワフルに排出。風邪や気管支炎など、辛い症
状の緩和にも貢献してくれるでしょう。さらに不幸を焼
き払う力も秘めているので災難除けとしても有効です。

PART

4

# 胃腸・膵臓の不調

不調は、自覚しにくい
潜在意識の
顕れなんだよ！

( kusurie-episode 04 )

クスリ絵を治療で活用し始めた頃は、なかなか理解されず
に患者さんが逃げ出してしまった…というエピソードもあ
ります。当初は、思うような結果が出ないこともありまし
たが、それでも色と形の可能性にかける情熱が消えてしま
うことはありませんでした。そして研究を積み重ねてきた
結果、神聖幾何学の基礎構造、数学の黄金比、量子物理学、
さらに美術と医学を組み合わせた、確かな働きをもつパワ
フルなクスリ絵が完成したのです。

———— みぞおち

## 般若マンダラ

### パワフルな気を、全身でキャッチ

◉みぞおちのつまり解消
◉心肺機能の向上
◉生命エネルギーが高まる

この魔法陣マンダラは、強力なパワーをもつ色・形・数
字を用いているので、生命エネルギーをどこまでも高め
てくれます。みぞおちのあたりに、絵柄を外側に向けて
置くか貼ると、人によってはあたたかい気の流れを、す
ぐに感じられるかもしれません。みぞおちのつまり解消
はもちろん、心肺機能の強化にも役立つ、イチオシのク
スリ絵です。

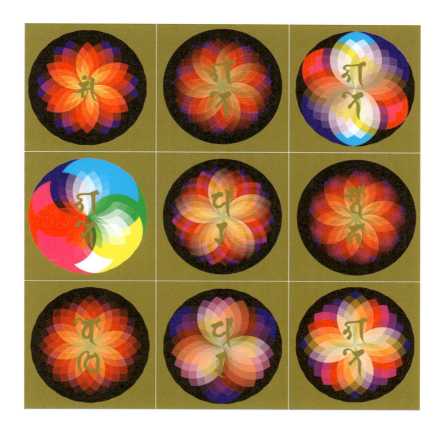

—— みぞおち

## カバラドラゴン

### 苦痛や困難も打破

- ◉胃がすっきり
- ◉喉がラクに
- ◉自信もつく

生命の樹を円環状に配し、そこにドラゴンが何百体も集まっている様子を描いたこのクスリ絵は、他に類を見ないほど強力なエネルギーを発しています。胃部の不快感、喉のつかえ、動悸のケア。また困難な状況を打破したいときに助けを得られるでしょう。右手を絵柄に、左手をみぞおちに当て、静かな呼吸を数回〜数十回繰り返すと問題が解決しやすくなると同時に、自信も身につきます。

—— みぞおち

## フェニックス

### 疲れに負けない、めぐる体に

◉みぞおちが柔らかくなる
◉気・血・水が循環
◉活力がみなぎる

上半身と下半身をつなぐみぞおちは、胃や食道、リンパ
管、大血管がひしめく複雑な構造ゆえ、気が滞りやすく
血流やリンパの流れも停滞しがちに。そんなみぞおちの
ケアに役立つクスリ絵です。絵柄に右手、みぞおちに左
手を置きゆっくり深呼吸をすると、みぞおちが柔らかく
なり、気・血・水（リンパ液）がよどみなく流れるよう
に。かつ、困難を乗り越える活力も得られます。

―― みぞおち

## 十二支陰陽五行実鏡

### 胃をケアしながら運気も向上！

●胃酸の逆流を緩和
●体全体の不調をケア
●日常が好転

生命エネルギーを送りこみ、体の中心に位置するみぞおちをケア。げっぷや胃酸の逆流が気になるという人は、もっともその効果を感じやすいでしょう。この絵柄の中心に自分の名前、生年月日を書き込み1日のうちで自分がもっとも長くいる場所に置いておきましょう。胃部不快感の他、体全体の不調、さらに問題を感じている状況まで好転し始めます。

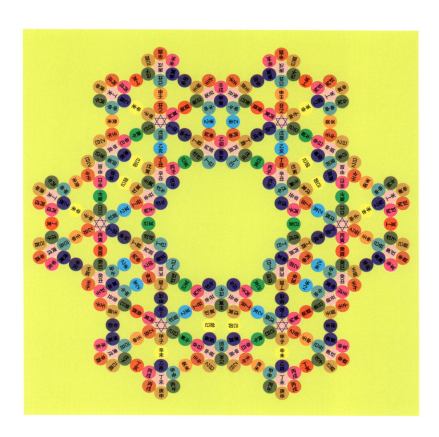

―― 胃

## バランシングフラワー〜調和〜

### ストレスによる胃痛のケアに

● 胃が楽になる
● 調和がもたらされる
● 心が穏やかになる

あなたと世界との旋律、リズムを整えて心を穏やかにし
ながら、ストレスによる胃の不快感を緩和します。絵柄
を外側に向けて胃のあたりに置く。あるいは眺めている
だけでも構いません。それだけで胃がす〜っと楽になる
のを感じられるでしょう。さらに、この上に金属製の
コップを置くと、なかに注がれた飲み物の味がすっきり
するという報告も。ぜひお試しください。

───── 胃

## ハニービー

### やさしい気持ちへと導く、愛の力

◉胃を保護
◉深い癒しに包まれる
◉純粋な愛に満たされる

心が枯れてしまうほどのストレスを受けてしまったと
き、この絵から放たれる純粋な愛に、ほっとした気持ち
に包まれるでしょう。ストレスでついつい食べ過ぎてし
まったり、飲み過ぎたとき、この絵がもつ癒しの光は胃
の粘膜をも保護し、正常な状態に整えてくれます。眺め
ているだけで、あなたの魂にまで働きかけ、深い安らぎ
を心身にもたらしてくれるのです。

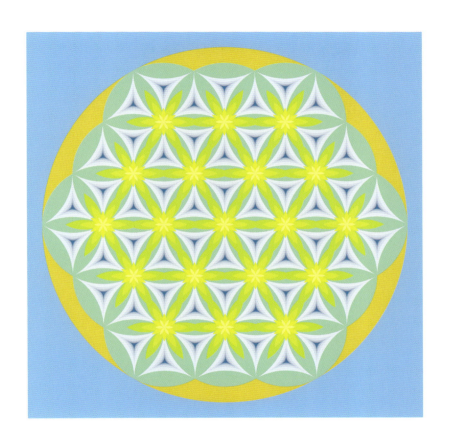

—— 腸

# スペースパール

## どこまでも心地よい、癒しの抱擁

◉腸が整う
◉肺もケア
◉深い安らぎ

下痢や、便秘を繰り返すような腸の不調に悩んでいる方
は、この絵柄が上になるようにしてヘソの上に置くと症
状が緩和します。肺が弱い人にも有効です。その場合は
胸の上に置いてください。この絵には、母親に抱きしめ
られたような安心感を与えてくれる強大なパワーが秘め
られています。大切な人の、気持ちを落ち着かせたいと
きにも力になってくれるでしょう。

―― 腸

## 毘沙門天

### 免疫力を高めて、負けない体に

●腸内環境が整う
●免疫力向上
●生命力を高める

日本でもなじみ深い神様のひとり、毘沙門天による強大
な守護のパワーを秘めたクスリ絵です。描かれた五芒
星、背景の橙色は見るもの、触れるものの生命力を高め、
病気に対する抵抗力・治癒力も向上。とくに免疫力の源
でもある腸内環境を整える働きに優れています。お腹の
調子が崩れやすく、便秘になりがち…という人はぜひこ
のクスリ絵の力を借りてみてください。

―― 腸

## ガイアス

### 疲れた腸に、生命エネルギーを

- ●消化力が向上
- ●生命力が高まる
- ●心が大らかに

生命維持に欠かせない栄養を絶えず吸収し、エネルギー
を作り出している小腸に生命力そのものを吹き込んでく
れます。ヘソの周辺に置くと、じんわりとした温もりと
ともに力がみなぎるのを感じられるでしょう。さらに、
どんなことでも受け入れられる力をも与えてくれます。
生命エネルギーを増幅しながら、大らかな心と広い視野
まで培われるパワフルなクスリ絵です。

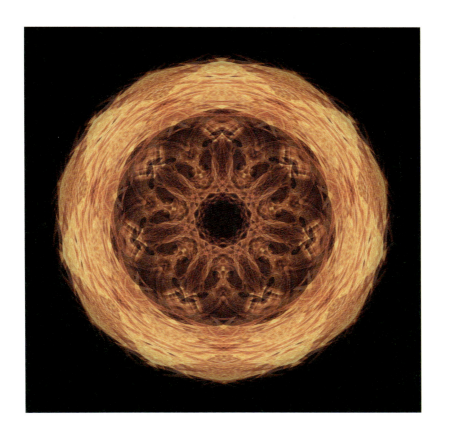

## ―― 腸

## ヒロエム

### 飲み物や、食べ物の風味も良くなる!?

● 消化吸収力が高まる
● 小腸の機能向上
● 食品の旨味を増幅

ついつい食べ過ぎたり、飲みすぎてしまった際、絵柄を外側に向けてヘソの上に置いてみてください。消化にまつわる崇高な神やエンジェルたちが小腸の機能を高め、消化吸収を助けるエネルギーを体中に満たしてくれるでしょう。また、この絵の上に水や食べ物を3時間ほど置くと、それらにも消化吸収を助けるエネルギーが転写されます。かつ甘さや旨味も増幅するから不思議です。

―――― 下腹部

## アイスブルー

### ホ・オポノポノの浄化力も内包

◉下腹部の血行促進
◉生理のトラブル緩和
◉泌尿器系の機能向上

ハワイに古くから伝わる、伝統的なセルフヒーリング
「ホ・オポノポノ」からインスピエレーションを得て誕生
したデザイン。見つめるだけで下腹部がじんわりと、あ
たたかくなります。子宮や泌尿器系のトラブルにも有効
です。この絵を見つめながら、「ホ・オポノポノ」の代表
的な浄化の言葉「ありがとう・ごめんなさい・許してく
ださい・愛しています」と口にすれば、効果倍増！

## 胃腸

## 魔除け

### 体も空間も清浄してくれる

- ●小腸の働きを向上
- ●胃弱・下痢を改善
- ●魔除けにもなる

胃が弱い、あるいはお腹を下しやすい人の支えになって
くれるでしょう。ヘソの上や周囲に置いたり、貼ったり
することで不快な症状を緩和しながら、小腸の機能を高
めてくれます。また、この絵を玄関に貼っておくと魔除
け効果も発揮。ネガティブなエネルギーから、あなたと
大切な家族、そして住居空間を守り、いつでも清らかな
状態を維持してくれるでしょう。

# 胃腸

## FOL あんど

### ポジティブな気で胃腸が整う

- ◉胃痛、腹痛を軽減
- ◉消化吸収力の向上
- ◉気の流れが清らかに

神聖幾何学のフラワーオブライフに色付けをしたベーシックなクスリ絵。胃腸の不調を改善する優れたパワーを秘めています。絵柄は、どちらに向けてもいいので衣類の内側に入れてご活用ください。多くの方から、とくに腹痛が緩和すると、絶賛の声をいただいております。また、どこでもいいので室内に飾ると、そこから清らかでポジティブな気が巡るようです。

——— 胃腸

# ロガリズミックローズ

## 胃腸の不調を、根本からケア

●イライラ改善
●気持ちを穏やかに
●胃腸の機能向上

ストレスによるイライラを解消し、やさしい気持ちにし
てくれるデザイン。夫婦間、あるいは兄弟・姉妹での喧
嘩が絶えないという人は、自宅のトイレに置いてみてく
ださい。張り詰めた関係性が次第に緩和してくるでしょ
う。またヘソの上に、絵柄を下に向けて、両手で押さえ
るように当てると、お腹に蓄積されたネガティブなもの
が浄化され、胃腸の働きが改善していきます。

―――― 胃腸

## サクセスボール

成功へと導く力も秘めている

●胃腸をケア
●免疫力の向上
●脚の長さも調整

金色と黄色が主であるこの図形には、胃腸を整え、免疫
力を上げる働きがあります。バランスをとる力もあり、
左右の脚の長さを調整するうえでも役立つでしょう。金
色と黄色の光は、持つ人に成功や栄光をも、もたらしま
す。とにかく見ているだけで気持ちも運もよくなる図形
なのです。周囲に置いておくと、物事の成果をすばらし
い方向へと導いてくれることでしょう。

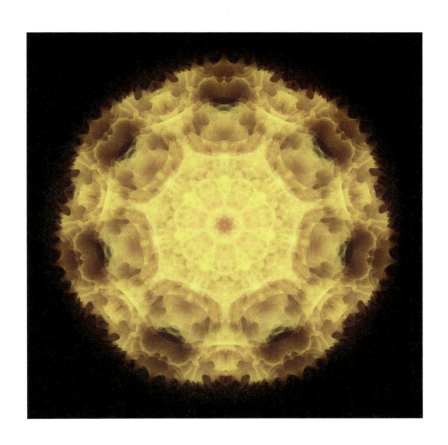

—— 膵臓

# 天河の鈴

## 冷えから体を守り、活性化！

- 消化不良改善
- 元気がみなぎる
- スポーツ能力も向上

冷えると消化不良を起こしやすいという人におすすめの
クスリ絵。絵柄を外側に向けて、膵臓のあたりに置くだ
けで、不思議と体の内側から元気がみなぎってきます。
さらに芸術的な才能やスポーツ能力の向上を後押しする
成長・躍動のパワーも与えてくれます。お子様に活用す
る場合は、常に携帯できるようにする、あるいは机の上
に飾っておきましょう。

―――― 膵臓

# ブーケ

## 水の神様がもたらす御神力

- ●水毒改善
- ●膵臓の機能修復
- ●車酔いやめまいの緩和

絵の中心から水の波紋が六方向に広がるようなデザイン
は"水の問題"を解決するエネルギーを秘めています。体
のなかで水の影響をダイレクトに受けるのは膵臓です。
水分を摂りすぎるとその機能が低下。あらゆる不調を引
き起こします。そんなとき、絵柄を膵臓に当てるだけで
機能が正常に。車酔いやめまい、悪天候時にだるさを感
じやすい人は、首の後ろに貼っておくと有効です。

PART

# 5

# 腎臓・肝臓の不調

( kusurie-episode 05 )

ヒフには、色や形がもつ振動を感知する受容体というものがあります。これは、直接何かに触れなくても機能しているもの。また、これと同様の受容体が脳にもあります。そしてヒフが感知した情報が脳に伝達されると、今度は脳から神経伝達物質が分泌され、全身の血流や免疫細胞の働きが向上。だからクスリ絵を見たり、あるいは服の上から置くだけでも症状が消えたり、場合によっては病気そのものが治ってしまう、ということがあるのです。

―― 腎臓

# インディゴット

## 腎臓の機能向上で腰痛も軽減

- 腎臓をケア
- 腰痛改善
- 開運効果も

クスリ絵に使用された藍色と水色には腎臓の働きを高める作用があります。背部のウエストよりやや上に位置する腎臓あたりに、絵柄を外側に向けて貼ると冷えなどによる、血行不良をケア。腎臓の不調による腰痛も緩和してくれます。さらに未来を予測し、運命を切り開く力も与えてくれるので、肌身離さず携帯すれば、最高の運気にも恵まれるでしょう。

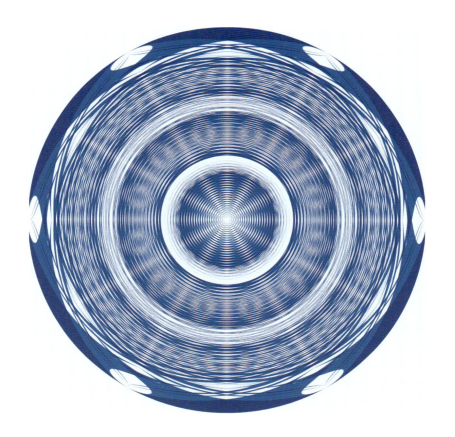

## 腎臓

## エイトドラゴン

### デトックスのエネルギーを纏う

◉腎臓を冷えから守る
◉解毒・排毒作用
◉場や空間の邪気を払う

八方を守護する龍をモチーフに創作したクスリ絵。これ
を腎臓のあたりに絵柄を外側に向けて貼ると腰まわり全
体を冷えから守りながら、腎臓が司る解毒・排毒作用を
促進。体内の不要な老廃物をスムーズに排泄してくれる
でしょう。また自宅や職場など、大切な場所の中心に置
くと、邪気から空間を守りながら、そこに滞留してし
まった負のエネルギーも浄化します。

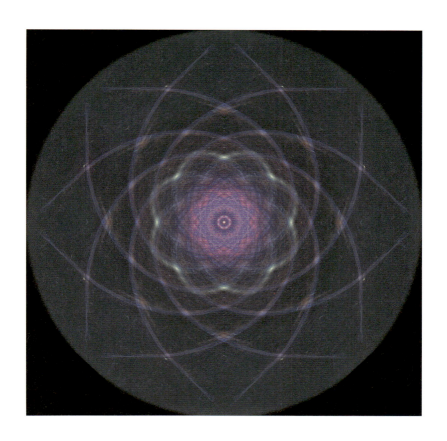

―――― 腎臓

## 輪宝

### "腎"がめぐれば、全身快適

- ●腎機能を向上
- ●冷え性改善
- ●霊障から守る

腎臓部分に絵柄が上になるように貼ると、排尿がスムーズになるという報告があることから、腎機能を向上させる働きもあるようです。腎臓部分はもちろん、膀胱のあたりに当てるのも効果的。この絵柄には火を表す黄色と赤が配色されているので、冷え性の人にも有効でしょう。さらに、不可解なことや霊障を跳ね除け、負のエネルギーから守ってくれる働きもあります。

―――― 腎臓

## ブルーネット

### 排泄力が、正常に整うようサポート

● 夜間頻尿を緩和
● 排尿困難を軽減
● 排便もスムーズに

腎臓は、排尿と密接に関わっていますが、同様に排便との関わりも強いと、東洋医学の世界では語られています。絵柄の上に右手を置くと腎の機能が高まり、排尿・排便の働きが正常になります。また、この絵には未来や未知なる運命に対する、漠然とした不安などを消し去る働きも。額に入れて部屋に飾っておけば、うつ状態になりやすいという人の精神もサポートします。

—— 腎臓

## カタカムナ・フトマニ

### 男性らしさ、女性らしさを磨く

◉腎の気が高まる
◉ホルモンバランスを調整
◉不妊ケアに

東洋医学で腎臓は、生まれもった生命力と水や食物から
得た気（エネルギー）を蓄える臓器だと伝えられていま
す。これらの気が、腎臓から分泌されるホルモン量を調
節し、たとえば男性らしさや女性らしさを形成している
のです。この絵柄に両手で触れるとホルモンバランスを
整える"腎の気"が高まり、また下腹部に当てると男性は
精子の活動性が増し、女性は妊娠しやすくなります。

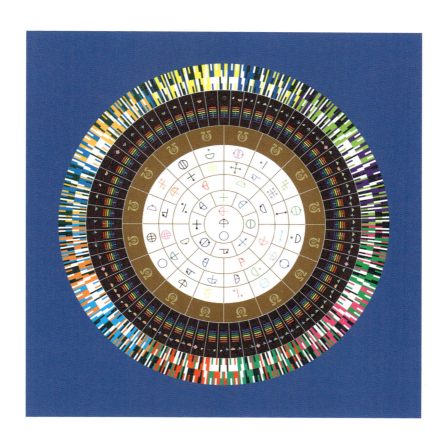

—— 腎臓

# ブルーメゾン

### 腎の気を高めて聴力もアップ

●腎臓の機能が高まる
●聴力が向上
●リラックス効果も

東洋医学では腎臓と耳には密接なつながりがあると伝えられています。つまり、腎臓の機能を高めれば、自然と聴力も向上する、ということ。ブルーメゾンは、この腎の気を増幅させる働きがあるので、聴力もケアできます。絵柄の中心には、あたたかみのあるピンクを配色したことで癒しの力も、とてもパワフル。持っているだけでリラックス効果も期待できるでしょう。

—— 肝臓

## 緑の天蓋

### 安らぎのエネルギーで守護

◉肝臓をケア
◉ストレスを緩和
◉心を平和に

森のような安らぎのエネルギーを帯びたクスリ絵。組織
のなかで高圧的な人から自分を守ったり、あるいはいじ
めや中傷から心をガードしたいときに活用してくださ
い。ストレス社会に身を置く人にとって、心強い味方と
なってくれることでしょう。また、この絵を眺めながら
「もう大丈夫だよ」と口にしてみると、気持ちが楽になる
のを感じられるはず。日々負担をかけている肝臓もケア。

## ―― 肝臓

# ゴールデンあんど

## 肝臓に、感謝の気持ちを伝えて

- 疲労回復
- 病気平癒
- 肝臓のケア

薬師如来のパワーをもっています。背景の橙色は健康な
肝臓と同じ色。右手をこの上に置き「肝臓さん、いつも
自分のために働いてくれてありがとう」と感謝の気持ち
を伝えてみましょう。それだけで、肝臓は癒され、そし
て疲れがすばやく回復。さらに、あらゆる病を治癒する
力に満たされることでしょう。この絵に触れるだけで、
あたたかな空気を感じた、という人も。

PART

6

子宮・卵巣の不調

( kusurie-episode 06 )

クスリ絵を眺めたり、触れたりするだけでも自分自身と、

その周囲のフィールドにはエネルギーが発生します。だか

ら、気に入ったものを額に入れて飾ったり、持ち歩いてふ

としたときに眺めるだけで、元気になるのです。布団や枕

の下に、本書を敷いて寝るのもいいかもしれません。ひと

つの使いかたにとらわれず、ご自身で心地いいと感じる活

用法を見つけて、クスリ絵を日常のなかに、好きなように

取り入れてください。

部屋に飾るだけでも、
元気になれるなんて
不思議～

—— 子宮

## チャーム

### 月経前のイライラや不調もケア

◉子宮が元気になる
◉生理の問題も解決
◉邪気から家を守る

子宮に問題のある人は、絵柄を肌側に向けて下腹部に当
て、その上から両手をそっと添えます。すると、下腹部
のあたりに心地よい温もりを感じるはずです。このあた
たかなエネルギーが、子宮のトラブル解決を手助けして
くれます。また、玄関や居間にこの絵を飾ると、マイナ
スのエネルギーから室内を守ってくれる働きも。ご自宅
や職場で、ぜひ試してみてください。

## ——— 子宮

## かぐや星

### 子どもが欲しいときのお守りに

- ●妊娠しやすくなる
- ●不妊治療の手助けに
- ●子どもを病気から守る

無数のむらさき色のゆりかごのなかで、赤ちゃんが心地よく眠っているようなこの絵柄には、不妊改善をサポートしたり、子どもを病気から守る力があります。実際に、ある不妊に悩む女性が、このクスリ絵をいつも持ち歩いていたところ、念願叶って妊娠することができました。眺めるだけでも構いません。子どもが欲しい人は、ぜひ、この絵の力を借りてみてください。

## ―― 子宮

## ユーテルス

### 妊娠中の女性を、励ますパワー

● 安産
● 血流がよくなる
● 子宮をケア

医学用語で、「子宮」を意味するユーテルス。子宮のように万物を生み出す創造と包容という意味も兼ね備えています。見ているだけでも明るい気持ちになりますが両手で触れると全身に気がめぐり、血流がよくなるのがわかるでしょう。絵柄を外側にして下腹部に当てると、子宮の機能も調整され、とくに妊娠中の女性にとっては、安産に導いてくれるなど、うれしい効果を得られるはず。

—— 卵巣

# ルナーエンジェル

## 卵巣や子宮に、エネルギーがめぐる

- ◉女性特有のトラブルを癒す
- ◉子宮や卵巣を活性化
- ◉あたたかい気持ちになれる

女性の守り神でもある月をイメージして創作したこのクスリ絵には月読みの神様のエネルギーが流れています。この絵柄を見ると、どこかあたたかな気持ちになれると同時に、生理不順や更年期障害が徐々に改善していくのを感じられるでしょう。「月読みの神様、ありがとうございます」と言葉にすると、よりパワフルなエネルギーが子宮や卵巣をめぐるようになります。

—— 卵巣

# DNA

## 女性の魅力まで高まる

◉卵巣機能の活性化
◉婦人科系のトラブル全般をケア
◉基礎体温の正常化

女性特有のあらゆる不調改善をサポートします。同時に、女性の魅力を引き出し、高める働きも。とくに卵巣の病気に悩む人は、就寝時、絵柄が上になるようにして下腹部に当てておくとよいでしょう。翌朝胃のあたりから力強いエネルギーが湧いてくるのがわかります。それは高次元空間のエネルギー。病気の根源に働きかけ、治癒へと導いてくれるものです。

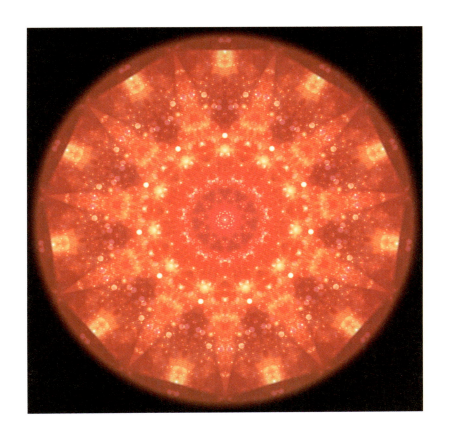

PART
# 7

# 首・肩・腰・足の不調

kusurie-episode 07

クスリ絵は不調の改善に役立つのはもちろん、夢を実現するためにも活用できます。お気に入りの1枚が見つかったら、そこに自分の夢や希望を思いつくままに書いてください。やりたいこと、食べたいもの、欲しいもの、行きたいところ、理想的な人間関係…など、どんなことでも構いません。そうすることで、意識せずとも自ずと目標達成に向かって、自分の行動が変化し、やがて描いていた思いが具現化するのです。

クスリ絵があれば、なんとかなるから、元気出して

―― 首

## ジーザスクライスト

### 無条件の愛は、痛みをも解き放つ

- ◉首の痛み改善
- ◉慈愛を受け取る
- ◉心の癒しに

この絵柄のなかから、いばらの冠を頭にのせ、髭を生や
したキリストの姿が浮かび上がってきたことから、この
名称をつけました。身代わりになってでも、あなたを助
けようとするキリストの愛を召喚するクスリ絵です。ス
トレスや、ハードワークが続いている…。そんな忙しい
日々を送る人の心に慈愛に満ちたエネルギーを注ぎなが
ら、首や肩のコリ、痛みも軽減します。

—— 首・肩

# ウォーミングハート

## ハートほっこり。肩や首もリラックス

● 否定的な感情を解放
● 首や肩のコリをケア
● 気持ちを前向きにする

寂しさ、悲しみなどネガティブな感情に起因する首や肩
のコリをケアするシンボルです。見つめているだけで、
自分と周りの世界がやわらかな光に包まれ、心が前向き
になります。首や肩のコリは、萎縮した気持ちの表れで
もあるので、心の萎縮を解放すれば、コリも自然と和ら
いでくるはずです。携帯電話やスマホでこの絵を撮影
し、待ち受け画面にしておくと、より効果的でしょう。

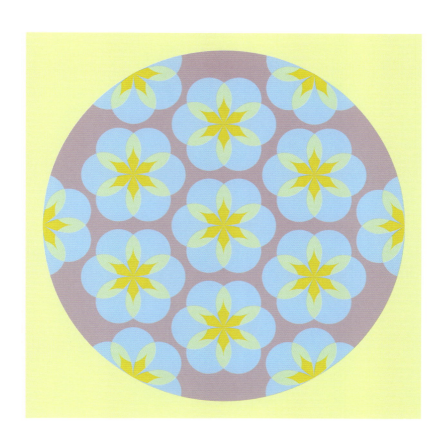

―― 肩

## ラッキーブルー

### 姿勢を整えながら、チャクラにも作用

◉肩甲骨の歪みを調整
◉姿勢も改善
◉思考がクリアに

肩甲骨の歪みや背骨の曲がりを改善するよう、体に働きかけてくれるクスリ絵。絵柄の中央に浮かびあがる7枚の花弁模様は、チャクラに作用し、体全体のエネルギーも調節します。これらの働きかけに加えて、あらゆる物事に対する考えがクリアになるのも感じられるはず。それにより、天使からのサポートを得やすくなり、目標達成までの道のりが明確になるでしょう。

# ── 肩

## 守護

### 肩甲骨の動きがスムーズに

- ◉肩から足の不調改善
- ◉邪気の浄化
- ◉運気の向上

大地の底に深くに向かうようなイメージで作成したクスリ絵。肩の他、腰や足といった広範囲の部位に生じるコリや不調を緩和する働きがあります。また、地球とのつながり（グラウディング）を強める作用もあるので、日々の生活で受けてしまった邪気を大地へと放出してくれるでしょう。健康や運気向上に、大地の力をぜひ役立ててください。

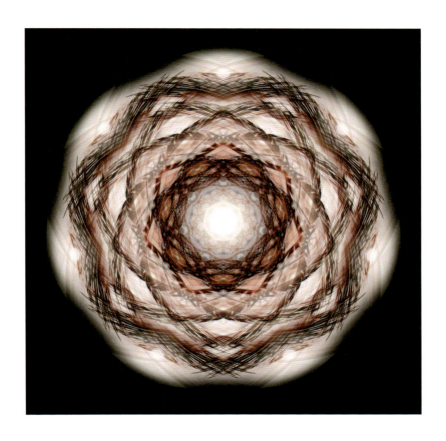

## ——— 肩甲骨

## タチオン

### コリに対処しながら、金運もアップ

●心身の疲労を打破
●肩コリ改善をサポート
●金運アップ

疲労による、肩甲骨まわりのコリに効くクスリ絵。眺めるだけで、そこに秘められた黄金のパワーが、心身の疲れに打ち勝つ力を与えてくれます。また金運の向上にも役立ちます。収入アップを目指して、日々仕事に打ち込んでいる人は、このカードを財布のなかに入れて携帯するのもおすすめ。仕事への意欲が高まり、かつ生活の豊かさをも引き寄せられるでしょう。

―――― 背骨

# ミラゴー

## 全身を整える、色のパワー

◉胸椎を調整
◉低血圧・冷え性をケア
◉むくみにくくなる

絵柄の中心に配されたオレンジ色は胸椎（背骨）のゆが
みを調整しながら、心臓・気管支・胸腺に作用し、これ
らに通じるエネルギーの流れを活性化させます。その他
の色は、血液の流れを調節。絵のなかをうごめく腕のよ
うなモチーフは、四肢へのエネルギー供給を促がし、体
内の水分・血液の流れを整えてくれます。低血圧や冷え
性、むくみやすい人にもおすすめ。

―― 腰

# アマテラスイセ集合カード

## DNA に働きかけ、超能力も開発!?

◉腰痛を緩和
◉幸せを引き寄せる
◉霊力も開花

天照大神をはじめ神界の全エネルギーを、人体、とりわけ腰周辺に集め、この部分の問題を解決します。とくに冷えによる腰痛やぎっくり腰などに優れた効果を発揮してくれるでしょう。また、持っているだけで邪気を払い清め、愛・幸運を引き寄せます。DNAにも作用するため、このクスリ絵を肌身離さず持ち続けると予知や透視能力など"思わぬ力"が開花する可能性も。

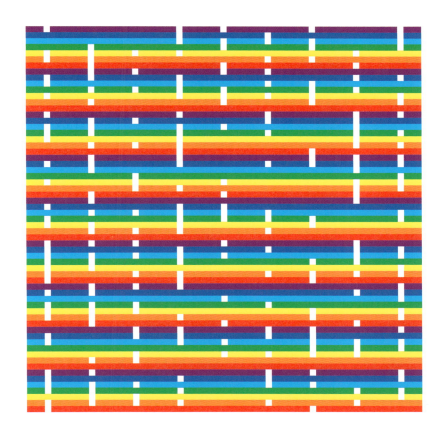

—— 腰

## スターフルーツ

### 腰痛の根源にアプローチ

●腰痛を緩和
●胃腸の炎症を取る
●リラックス効果

悪い状態を良い状態に変換する力を秘めたデザイン。と
くに、消化器系の不調による腰痛を改善します。右側の
腰痛は胃腸のトラブルからくるものが多いのも特徴で
す。もし下腹部あたりを押して痛みを感じるなら、クス
リ絵を患部に当ててみましょう。胃腸にたまった毒素を
排出し、かつ精神を落ち着かせ、胃の神経に安らぎを与
えながら腰の痛みを緩和します。

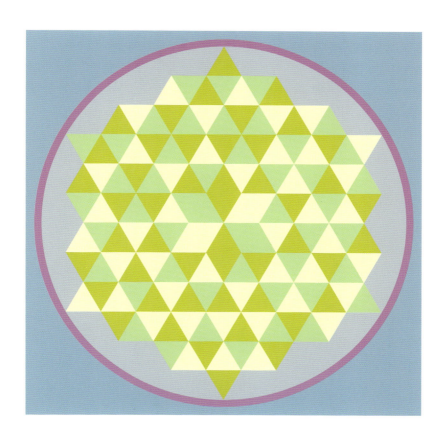

―――― 腰

## シッティングブッダ

### 長時間のデスクワーク時に活用して

◉腰痛改善
◉眼精疲労も軽減
◉瞑想効果

ブッダが座禅をし、円陣を組んでいるようにも見えるこの図形は、見るものの心を、瞑想さながらの深い境地へと誘います。デスクワーク時、イスの背もたれに置いたり、お尻の下に敷いたりすると腰痛改善にも役立つでしょう。また目のヒーリングにも効果的。クスリ絵を目に数分当てるだけで視界が明るくなり、視野が広がるのを感じられるはずです。

―― 腰

## レッドフラワー

### 女性特有の腰痛に、寄り添う

◉生理時の腰痛緩和
◉PMSのケア
◉モチベーションの向上

情熱的な赤をベースに"安定"を表す8枚の花びらをイメージしたデザインを配した絵柄。この絵からは、生理に伴う精神的な不安定さ、また腰の不調をケアするパワーが放たれています。また、物事をスムーズに進めたいとき、この絵を眺めるとうまくいく働きも。何かを始める際の、モチベーションアップにも有効です。ハートにやる気を満たしてくれるでしょう。

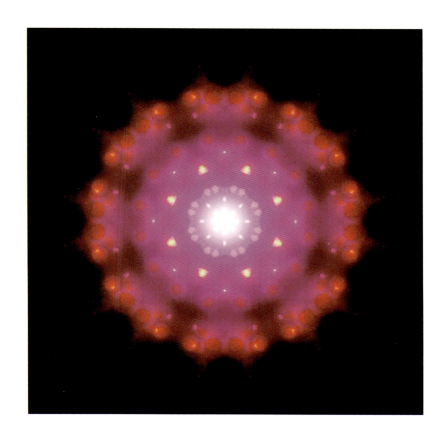

―――― 腰

## パズル

### 転倒を予防し、足元を安定させる

◉足元を安定
◉歩行しやすくなる
◉会社の安定成長に

この絵柄は、神聖幾何学のフラワーオブライフをもとに
作られました。見ているだけで、スキップしたくなるほ
ど楽しい気分になりますが、足元を安定させるエネル
ギーをもっているので、持ち歩けば転倒予防に役立ちま
す。また、パソコンと常に向き合っている人にも、おす
すめ。静電気や電磁波による弊害からも守ってくれるの
で、デスクの近くに置いておくと良いでしょう。

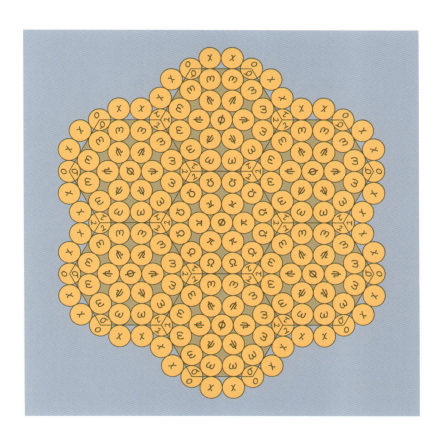

—— 腰

## スペースペンギン

### 見ているだけで、ほんわか

◉筋肉の緊張を緩和
◉でん部のゆがみ調整
◉心もほぐす

絵柄の外側にペンギンのような顔が浮かび上がってきた
ので、スペースペンギンと名付けました。首から脚の筋
肉の緊張や張りをほぐし、でん部の歪みを是正。また、
この図形の中心に自分自身が入っているようなイメージ
をすると、不要な緊張がとれ、カチカチに凝り固まった
心をほんわかムードに誘います。何の心配もなく、のん
びりと暮らしたい人におすすめ。

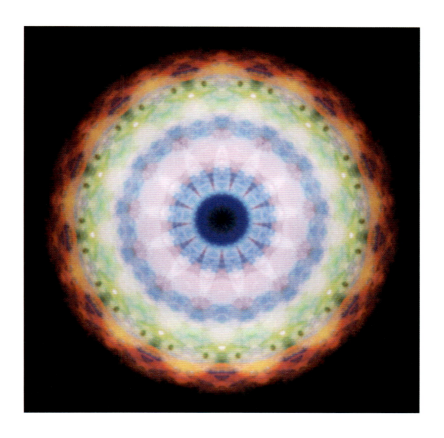

—— 関節

## グリーンアンク

痛み知らずの"めぐる体"に

● リンパが巡る
● ヒザ痛軽減
● 気の流れを改善

水に作用するクスリ絵。人体でいえばリンパの流れを良
好にしてくれるので、リンパの循環不良によるヒザの痛
み改善に役立ちます。その場合、痛む箇所に当てると良
いでしょう。また、ピンク色の部分を右手の人差し指で
ゆっくりなぞってみると、心に落ち着きを取り戻すこと
も。それにともない、リンパのみならず気の流れもス
ムーズに促してくれます。

# ―――― 関節

## コットンフラワー

### 眺めるだけで関節の動き、滑らか！

- ●血流を促進
- ●高血圧・動脈硬化をケア
- ●仕事の効率アップ

全身の血流を促し、関節内のむくみを軽減するエネルギーを放出しています。この絵柄を眺めているだけで足首やヒザ、肩、腕などの動きが滑らかになり、体をラクに動かせるようになるでしょう。また脳を活性化させる働きもあるので、とくに難しい仕事をする前、額に数十秒間当てておくと仕事の効率が高まります。高血圧や動脈硬化のある人にも有効です。

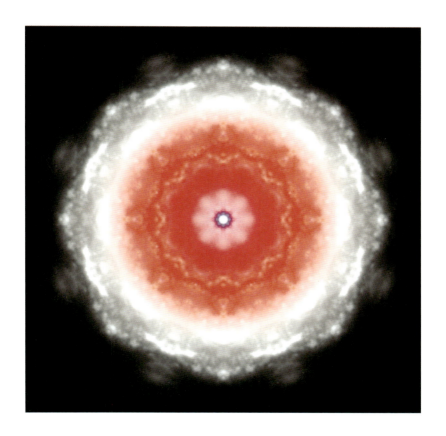

—— 関節

## あんどエイド

### エネルギーフィールドからアプローチ

●あらゆる痛みを軽減
●エネルギーを調整
●全身のケア

メタトロン立方体をベースに作成したこの絵柄は、多く
の人に愛用され、著しい効果を示してきたクスリ絵で
す。関節痛はもちろん、病によって引き起こされるあら
ゆる痛みもケアします。不調を感じる部位に当てる、
あるいは持ち歩くだけでも人体をとりまくエネルギー
フィールドが調節され、症状緩和をサポートします。そ
れほど力強いパワーを秘めているのです。

—— 関節

## スノーあんど

高次のエネルギーで奇跡を起こす

● 足首の可動域を改善
● 病や災難除け
● スポーツ能力の向上

足首の可動域を改善する他、全身の関節を滑らか動かせ
るようサポートしてくれるので、とくにスポーツを習慣
にしている人に最適。走る前に触れると、思わぬ好記録
を出せるでしょう。また、図形中央の梵字には病や災い
除けを司る高次元のエネルギーも秘められています。家
の裏口近くに貼っておけば災難を避け、奇跡を引き寄せ
てくれるかもしれません。

―― 全身

# 聖なる矢

かぶれない、クスリ絵の冷湿布

●熱をさます
●腫れや痛みを軽減
●冷静さを取り戻す

7本の矢が中心に向かっているように見えるパワフルな
絵柄。配色された青と白には、熱を冷ます作用があるの
で、腫れや熱感、痛みのある場所に図柄を当てると、こ
れらの症状が軽くなるのを感じられるでしょう。また、
冷静さを取り戻し、物事をクリアにとらえられるよう導
く働きも。迷いを感じた際に活用すれば、ベストな選択
ができるようサポートしてくれます。

―― 全身

# カタカムナゴールデンドラゴン

## あなただけの特別な龍に守られて

● 痛みをケア
● 開運
● 龍の守護

古代文字カタカムナの叡智より生まれた、絡み合う2体
の龍のシルエットが目に止まるクスリ絵。中央にはヤタ
ノカガミを配しました。周囲の色と柄は、この金色の龍
が発した光をイメージしています。こうして意図せず、
もたらされた龍の形がもつエネルギーには、他に類を見
ないほど強力な、痛みを癒し、開運をもたらすパワーが
込められています。

PART

8

心 の 不 調

[kusurie-episode 08]

多くの人に効果をもたらし、たちまち人気に火がついたクスリ絵の原点がフラワーシャッベット（P167）です。本当に不思議なパワーを秘めていて、「肌身離さず持っていたおかげで、交通事故にあったにもかかわらず、かすり傷一つなかった」という声も頂いています。このようにクスリ絵には、問題が生じた際に、身代わりになってくれる力もあるのです。オーラの浄化にも有効で、浄化が進むと絵柄の色が変化するという報告も多数寄せられています。

心まで響く、強力なエネルギーが命を輝かせるんだ！

─── 心

# ハニーポット

## 人との平和なつながりをサポート

◉人脈を広げる
◉あたたかな絆を築く
◉家庭円満

集団生活を送る蜂の巣と同じ、六角形を連ねたグラフィックを配しました。これは、蜂のように仲間とのより良い関係性を築きながら、人脈を広げていくことを後押しするエネルギーをもちます。あたたかな絆に恵まれたい人、あるいは結婚や家庭円満、子宝を望む人におすすめのクスリ絵です。この絵の上に、水の入ったコップを置くと水が甘くなるのも不思議です。

—— 心

# フラワーシャーベット

## 清廉、純真な愛の力

●誠実な人間関係を築ける
●あらゆる痛みに有効
●霊障にも効く

クスリ絵のなかでベスト 3 に入るほどパワフルな力を
もっています。実際に 5 万人以上が活用し、体の不調か
ら霊障、運気向上まで、あらゆるエネルギーの改善に役
立たせているようです。いつでも清らかな愛を育めるよ
うサポートもしてくれるので、誠実な人間関係をより深
く築けるようになるでしょう。体のどこかに痛みがある
場合は、患部に当てるだけで症状が緩和します。

—— 心

# Ben

ミラクルパワー

- ●やる気を喚起
- ●向上心を育成
- ●受験・資格試験のお守りに

マヤ文明を築いた大いなるスピリットを表すデザイン。マヤの雲、空のもつ自由なエネルギーが見るもののハートにやる気と向上心を与えてくれます。また心の深層にまで働きかけ、怒りや憎しみといったネガティブな感情を、平穏で清らかな愛に変換する作用も。結果として運気が飛躍的に向上します。また、受験や資格試験の前に触れたり、お守りとして活用するのもおすすめです。

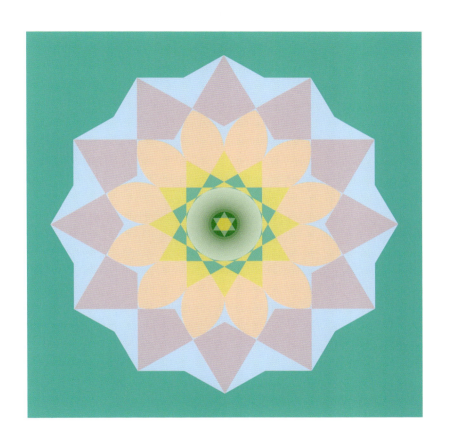

—— 心

# 正義の光

## 闇を照らす正義の光で人間関係を修復

- 家庭円満
- 恋愛運向上
- 仲間との絆を深める

パートナーや親子、友人、恋愛におけるすれ違いや、衝突を修復できるようサポートしてくれます。両手を胸に当て、クスリ絵を見つめ「すべては、万事うまくいきました」と声に出し、3回唱えてみましょう。全身をあたたかい光が包み込み、こじれてしまった仲を改善できるよう導いてくれます。よりよい関係を築きたい人の写真を絵柄の上に置いて行うとさらに効果的です。

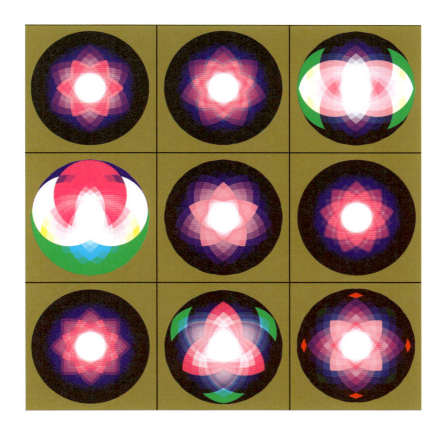

—— 心

# ブラベスク

## 負の感情を、強力に吸い取る

● 焦燥感の鎮静化
● 心をなだめる
● 負の問題を解決

ネガティブな問題を吸い込む力がダントツに強いクスリ
絵です。まるでブラックホールのように、あせりやイラ
イラ、やるせない気持ち…といった負のエネルギーを帯
びた感情をどんどん吸い込んで消してくれます。緑と青
の絶妙な色具合にも、波立つ心がなだめられるでしょ
う。日々ストレスを感じやすい人、また困難な状況に直
面している人の心強い味方になってくれるはず。

―― 心

## アンジュ

### 天使の波動に包まれて

●雑念を消し、心を清浄に
●上半身がリラックス
●愛と自愛の心を育む

この絵をもっていた人の家に、天使が1カ月も滞在して
いたというエピソードがあり、そのため女性に大変人気
のクスリ絵。リラックス効果が高く、とくに上半身の緊
張をほぐすのに有効です。絵柄に配色された青とピンク
は、それぞれ天界と天使の女性性を表しています。この
色の組み合わせは、明るい光となり、見る人の心を天使
のように清らかにし、雑念を消し去ってくれるのです。

―――― 心

## グリノス

### 植物のもつ聖なる力に匹敵

◉眺めるだけでリラックス
◉争いを回避
◉植物も元気にする

植物のような純粋かつ崇高なエネルギーをもつ絵柄。癒されたいときに、眺めるだけで心がリラックスできます。植物には争いがないので、平和を象徴するデザインでもあります。どんなことも摩擦なく、スムーズに回転していけるようにサポートしてくれるでしょう。また植物のそばに飾っておくと、木や花、葉の細胞が活性化され、生き生きとしてきます。

—— 心

# 日月神（hi-hu-mi）

## 悪から守り調和をもたらす

◉心身を調整
◉災難除けに
◉心の軸を整える

"絶対守護"を司る、スピリットのパワーを秘めています。その真っ直ぐかつ、強靭な力で魔を封じ災害や災難からあなたを守ってくれるでしょう。同時に、自分の本質、あるいは軸からブレないようサポート。どんなことがあっても、心を強く維持できるようになるので、日々このクスリ絵を見たり、絵に触れることで、心身のバランスが乱れにくくなります。

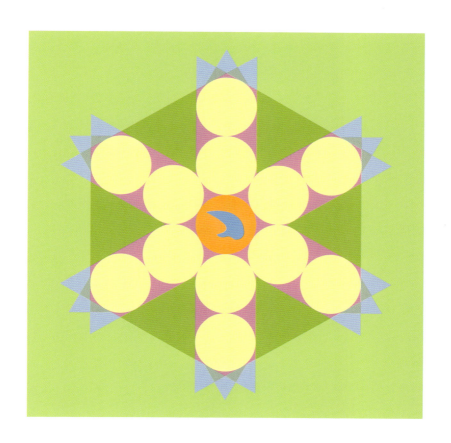

—— 心

## 曼陀羅ヘキサクロム

あらゆる関係性に調和をもたらす

◉心を癒す
◉信頼関係の強化
◉病気の予防に

カバラの代表図形である生命の樹を中心に、梵字やルーン文字を配したマンダラ。背景の緑色には癒しの効果や、生命エネルギーを人体に取り囲む作用があるので、図形に触れるだけで元気が出ます。精神的な疲れのみならず、肉体的な疲労にも効果的です。友人や家族との信頼関係を確立したり、回復する力も。さらに老化や活性酸素が原因の病から守りたい場合にも有効です。

―― 心

## ベストヒーリング

### 大天使ラファエロからのギフト

◉病の悩みを軽減
◉心のケア
◉癒しをもたらす

癒しの天使、ラファエロのエネルギーを秘めた緑を配
色。心に何か問題が生じた場合、あるいは病気になって
しまった際、このクスリ絵に触れながらラファエロに治
癒をお願いしてみましょう。潜在意識にダイレクトに働き
かけ、負のエネルギーや情報を取り除いてくれます。病
に悩まれていたり、癒しを必要としている方に持ってい
てもらいたいシンボルです。

—— 心

# プラトニック

## 地球とつながり、調和を築く

● 怒りや焦りを取り除く
● 体の水分調節
● グラウディング

男女を超えた友情を築きたいときに、力強いサポートを
してくれます。また、怒りや焦りを取り除きながら、心
臓を適正な状態へと導く働きも。結果、体内の水分が尿
として排出されやすくなり、むくみが軽減。体がすっき
りとします。さらに地球とのグラウディングを強める働
きも期待できるので、地に足のついた選択や行動を積み
重ねられるようになるでしょう。

—— 心

# 全てを照らす天の光

## 天照大御神のエネルギーに触れる

- 全知全能の神のサポート
- 天照大神のご加護
- 人生の迷いを払拭

キリストによる愛の意識、マリアの献身、また光明真言のパワーを内包しているシンボルです。神道では天照大御神を表す図柄でもあります。3×3の魔方陣と光を組み合わせたもので、全知全能の神、天照大御神のご加護を受け取れる図柄。たとえば人生の方向を決めるとき、右手は図柄に、左手は胸に当て、どうすべきかを聞いてみると、周りの人や物を通じてお知らせが必ず来ます。

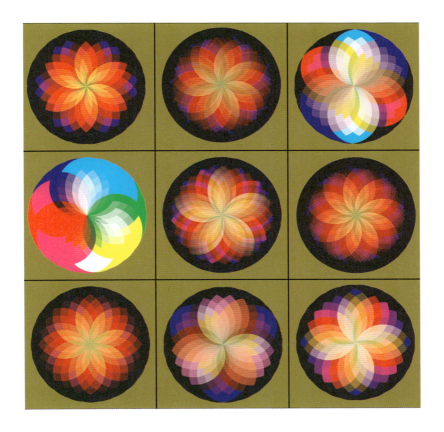

SPECIAL

# 塗り絵で遊ぼう!!

好きな色で塗ると
自分だけの最強の
クスリ絵になるよ

知識やルール、概念にとらわれず、直感で心地いいと感じる色や形を選ぶことが、効果を得る重要なポイントです。さらに、自分の好きなカラーで、色をつけていくことで感覚がさらに磨かれ、クスリ絵のもつパワーをより感じられるようになるでしょう。そこで、ここでは直感を働かせながら塗り絵にも挑戦してみましょう。自分だけのオリジナルの1枚は、潜在意識からパワフルに癒してくれる、とっておきのクスリ絵になります。

—— 万能

# カタカムナ第1-8首 黄金らせんおもて

## 太古のヒーリングパワーを召喚

- ◉心が安らぐ
- ◉眠りの質向上
- ◉開運

古代文字カタカムナで構成された句「カタカムナウタヒ」
は、全部で80首あるといわれています。そのなかでも、
もっともパワフルな第1～8首を、黄金比をベースにし
て編み出した黄金らせんに沿うように配置させたクスリ
絵。これを枕カバーにした商品（P211）は大人気で、安
眠、安心、安楽など多くのうれしい効果を得られるよう
です。運気を上げる力が強いのも特長といえるでしょう。

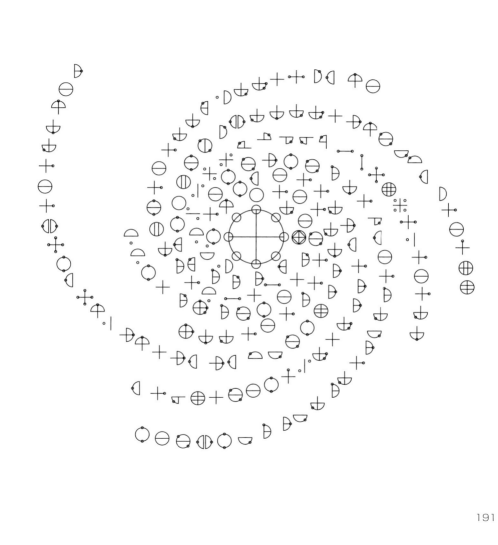

―― 万能

# カタカムナ第5首　無限

## 高次元のパワーが、すべての運を向上

- ◉高次元空間を作る
- ◉運気が上昇
- ◉血流も促進

１〜２週間、右手の人差し指でらせんをなぞると、高次
元空間（ミスマルノタマ）を作り出す能力が飛躍的に向
上。結果、運気が上昇し人生がどんどん好転していくの
を感じられるはずです。また全身を巡る血液の流れが改
善され、あらゆる不調が次第に改善してくるでしょう。
そんなパワフルな作用をもたらすクスリ絵に、好きな色
を配色することで、抱える問題をよりスムーズに解消。

―― 万能

# カタカムナ第6首　無限

## なぞるだけで、冷えを改善

◉冷えやむくみを軽減
◉気の流れを改善
◉風邪や花粉症対策に

量子の世界における、物質の発生メカニズムを説いたも
のがカタカムナウタヒ第6首。正と負のらせん構造は、見
えない世界と見える世界の橋渡しをし、全身の気の流れ
をスムーズにしながら、冷えやむくみをケアしてくれま
す。冷えをとることで、風邪の症状や花粉症対策にも。
なぞっているうちに体が不思議と、あたたまってきた、
という人も多いクスリ絵です。

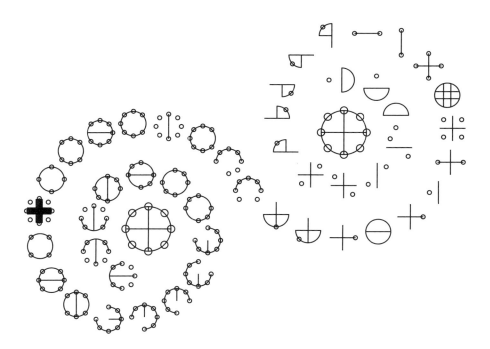

—— 万能

# 正のカタカムナ第7首カムナ

## すべての問題を解決する万能クスリ絵

- ●開運
- ●内なる神とつながる
- ●あらゆる問題を解決

般若心経の写経に匹敵する力をもつ塗り絵。第7首は80首あるカタカムナウタヒのなかでも、最強の力と開運効果を併せもっています。色を塗るにつれ、どんどん自分の内側の神とつながれるようになるでしょう。同時に高次元空間を出現させ、どんな問題でも解決してくれます。まさに、クスリ絵のオールラウンダー。毎日をパワフルにサポートしてくれるでしょう。

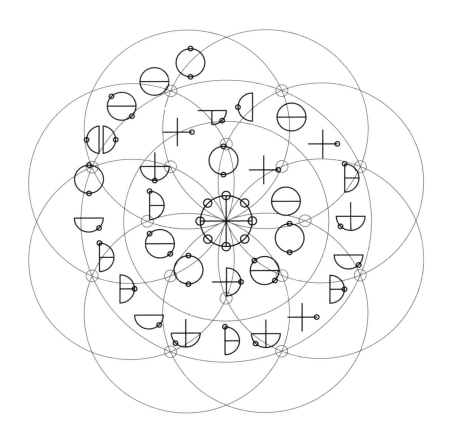

—— 万能

## フラワードラゴン

### 幸せを運ぶ、自分だけのドラゴン

- ●願いを叶える
- ●ドラゴンパワーを召喚
- ●最幸の人生を創造

神聖幾何学フラワーオブライフから生まれた3体の龍が、あなたの願望や希望を叶えてくれます。背中に当てると、背中があたたかくなるのを感じられるはず。早速、好みの色で塗ってみましょう。そうして、この絵柄と親しむことで自分専用のドラゴンが、最幸の人生を創造できるようサポートしてくれます。わたしは赤と黄色を使って、塗り絵を楽しみました。

—— 万能

## フラワーシード

### あらゆる成長を、助けてくれる

- ●成長をサポート
- ●胃腸を整える
- ●腹部の冷え取り

種子を表すこの図形は身体的な成長だけではなく、仕事や学業におけるステップアップももたらします。また、神聖幾何学フラワーオブライフをベースに創作しているので、パワフルなヒーリングエネルギーを期待できるのも魅力。とくに胃腸を整えたり、腹部の冷え取りに優れた効果を発揮してくれます。塗り絵を楽しむだけで、多くのポジティブな変化に恵まれるでしょう。

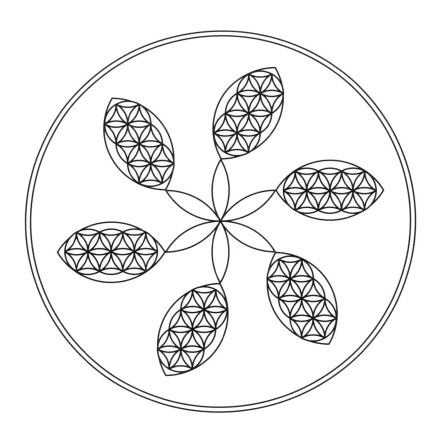

—— 万能

# ダイヤ

## 最上級クラスのヒーリングパワー

● 消化力を高める
● 痛みやかゆみを緩和
● 神経過敏や不安もケア

制作期間2年の傑作。マンダラ研究者も驚くほどの高い
完成度を誇ります。神聖幾何学フラワーオブライフを基
調としたこのクスリ絵の効果は最上級クラス。なんと、
がん患者の痛みを取り除いたこともあります。みぞおち
から5cmほど下の膵臓のあたりに絵柄を外側に向けて
置くと、体の内側から元気になるのを感じられるはず。
さらにヒフのかゆみや精神疾患にも有効です。

# クスリ絵の作用・索引（五十音順）

足首の可動域改善……156
脚の長さを調整……088
争いを回避……176
安産……118
アンチエイジング……180
息切れ改善……042
痛みの緩和
……038,050,126,150,154,158,160,166,202
胃腸の機能向上……076,078,082
胃の不調をケア
……062,066,068,070,082,084,086,088,140,200
内なる神とつながる……050,186,196
運気向上
……056,088,096,132,160,190,192,196

か

家庭円満……086,164,170
風邪対策……044,054,194
下腹部の血行促進……080
花粉症の予防・緩和……036,194
かゆみの緩和……050,202
眼精疲労の緩和……026,142
関節痛のケア……154,156
肝臓のケア……108,110
記憶力の向上……036
気管の働きを高める……044,048,056
気の流れを改善
……064,084,118,136,150,194

気持ちを前向きに……084,088,128,134,172
金運アップ……134
筋肉の緊張を緩和……148,174
首・肩コリを緩和……016,126,128,132,134,152
グラウディング……132,184
車酔いの緩和……092
血行促進……064,096,118,136,152,192
解毒・排毒作用……092,098,140
高血圧をケア……152
向上心を育成……168
甲状腺を活性化……040
更年期障害の緩和……120,122
呼吸を楽に……034,042,048,052,054
心のケア……042,068,102,108,126,128,
148,150,172,174,176,178,180,182,190
コミュニケーション能力向上……038,052

災難除け……024,056,156,178
視野の拡大……014,026,076,142
子宮のケア……080,114,118,120,122
試験・受験のお守り……168
仕事の効率向上……008,012,152
思考をクリアに……018,022,130,158
姿勢改善……130
邪気から守る……040,056,098,114,132,138
集中力の向上……008,012,026,036
消化力向上……076,078,084,090,202
焦燥感の鎮静化……032,128,172,184
神経症状のケア……016,102,202
腎臓の機能向上……096,098,100,102,104,106
心肺機能の向上……048,060
人脈を広げる……164
信頼関係の強化……180,184
膵臓の機能向上……092
水毒の改善……092
頭痛の緩和……024,044
ストレス緩和……010,068,070,108,172
スポーツ能力向上……090

205

咳を緩和……038
生理諸症状のケア
……080,114,120,122,144
精神安定……014,102
生命力向上……020,054,060,066,074,076,180
背骨を調整……130,136
潜在能力を引き出す……012

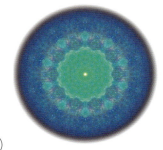

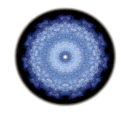

 た

体内の水分調節……092,136,184
魂の成長……018
腸内環境を整える……072,074,140,200
超能力の開花……138
聴力回復……030,032,106
直感力の向上……008,016,022,026
低血圧をケア……136
転倒予防……146
でん部の歪みを緩和……148
動悸息切れの緩和……048,062
動脈硬化をケア……152
頭部の緊張緩和……014

 な

人間関係を円滑に……052,086,164,166,170,180
熱をさます……158
願いを叶える……198
ネガティブな感情・
思考の浄化……010,048,082,128,168,172,182
眠りの質を向上……016,030,190
脳の活性化……008,012,016,020,036,152
喉の不調を緩和……038,040,042,062

は

腫れを軽減……158
肺のケア……050,052,054,056,072
排尿・排便作用……074,080,098,100,102,184
鼻症状のケア……024,034,036
冷え解消……090,098,100,136,194
PMSの緩和……114,120,122,144
ヒザ痛軽減……150
病気平癒……110,182
病気の予防……056,116,156,180
疲労回復……110,134,180
泌尿器系の機能向上……080,100

不安解消……010,014,102,176
深い安らぎ……068,070,072,076,086,106,
108,120,126,142,148,176,180,182,190
腹痛を軽減……084
腹部の冷え取り……090,200
不妊ケア……104,116,164
不眠改善……016,030,190
便秘・下痢の緩和……072,074,082
ホルモンバランスを調整……104

魔除け……082,156,178
迷いを払拭……158,186
耳の不調を緩和……030,106
みぞおちのつまりを改善……060,062,064
むくみ対策……136,152,184,194
無病息災……024
目の休息……026
めまいの緩和……030,092
免疫力向上……074,088
問題解決……062,066,192,196

夜間頻尿を緩和……102
やさしさの引き寄せ……032
やる気を喚起……020,134,144,168
勇気をもたらす……020
夢・目標の実現をサポート……020,130,198
予知能力の開花……016
腰痛緩和……044,096,132,138,140,142,144

卵巣の機能向上……120,122
リラックス……014,086,106,140,148,174,176,190
リンパのめぐりを向上……064,150
霊障から守る……100,166
冷静さを取り戻す……158
恋愛運向上……170

# クスリ絵

心と体の不調を治す
神聖幾何学とカタカムナ

2018年 9 月15日　第一版　第一刷
2023年 3 月21日　　　　　第十五刷

著　者　丸山修寛
発行人　西　宏祐
発行所　株式会社ビオ・マガジン
〒141-0031　東京都品川区西五反田8-11-21
五反田ＴＲビル１Ｆ
電話：03-5436-9204　FAX：03-5436-9209
https://www.biomagazine.jp/

装幀・デザイン　鈴木衛
DTP　堀江侑司
編集　染矢真帆
印刷所 株式会社 シナノ

万一、落丁または乱丁の場合はお取り替えいたします。
本書の無断複写複製（コピー、スキャン、デジタル化等）並びに無断複製物の譲渡および配信は、著作
権法上での例外を除き、禁じられています。
また、購入者以外の第三者による本書のいかなる電子複製も一切認められておりません。
©2018Nobuhiro Maruyama Printed in japan
ISBN978-4-86588-033-5